BEI GRIN MACHT SICH IHR WISSEN BEZAHLT

- Wir veröffentlichen Ihre Hausarbeit,
  Bachelor- und Masterarbeit

- Ihr eigenes eBook und Buch -
  weltweit in allen wichtigen Shops

- Verdienen Sie an jedem Verkauf

Jetzt bei www.GRIN.com hochladen
und kostenlos publizieren

Beweglichkeits- und Koordinationsprogramm für Kampfsportler zur Steigerung der Beweglichkeit, Agilität und Flexibilität

Stefanos Sfetsiaris

Bibliografische Information der Deutschen Nationalbibliothek:

Die Deutsche Nationalbibliothek verzeichnet diese Publikation in der Deutschen Nationalbibliografie; detaillierte bibliografische Daten sind im Internet über http://dnb.d-nb.de abrufbar.

ISBN: 9783346617743
Dieses Buch ist auch als E-Book erhältlich.

Druck und Bindung: Books on Demand GmbH, Norderstedt Germany
Gedruckt auf säurefreiem Papier aus verantwortungsvollen Quellen

Das vorliegende Werk wurde sorgfältig erarbeitet. Dennoch übernehmen Autoren und Verlag für die Richtigkeit von Angaben, Hinweisen, Links und Ratschlägen sowie eventuelle Druckfehler keine Haftung.

Das Buch bei GRIN: https://www.grin.com/document/1184660

Deutsche Hochschule für

Prävention und Gesundheitsmanagement

Hermann Neuberger Sportschule 3

66123 Saarbrücken

Einsendeaufgabe

Fachmodul:	Trainingslehre 3
Studiengang:	Gesundheitsmanagement
Datum Präsenzphase	01.03.2021-03.03.2021
Name, Vorname:	Sfetsiaris, Stefanos
Semester:	3

INHALTSVERZEICHNIS

1 Personendaten

Tab. 1: allgemeine und biometrische Daten des Kunden
(eigene Darstellung)

Alter	37
Geschlecht	Männlich
Größe	179
Gewicht	79
BMI	24,7
Trainingsmotive	Beweglichkeit, Balance, Agilität sowie Tiefensensibilität steigern, um Leistungs-steigerungen und Flexibi-lität im Kampfsport zu er-zielen. Empfehlung über Einsatz von Dehnmetho-den vor oder nach dem Training. Prävention von Stürzen.
Beruf	Beratung/Vertrieb
Aktuelle sportliche Aktivi-tät	2-3x/Woche Krafttraining. 2-3x/Woche Kung Fu, re-gelmäßiges Dehnen 2x/Woche
Frühere sportliche Aktivi-tät	Aikido, Boxen, Jeet Kune Do, Ringen, Taekwondo
Zeitliche Verfügbarkeit	3-4x für ca. 30 Minuten
Blutdruck	125/84
Ruhepuls	60
Internistische Einschrän-kungen	keine
Orthopädische Ein-schränkungen	Hin und wieder Schmer-zen des Knies mit unkla-rer Genese.
Einnahme von Medika-menten	Keine

Der Kunde ist 37 Jahre alt und weist ein BMI von 24,7 auf. Nach der aktuellen Definition der Adipositas-Gesellschaft handelt es sich um ein Normalgewicht (vgl. Adipositas-Ge-selschaft). Beruflich ist der Kunde im Vertrieb und in der Beratung tätig, eine überwie-gend sitzende Tätigkeit. Sportlich ist der Kunde sehr aktiv. 2-3x/Woche Krafttraining so-wie 2-3/Woche Kung-Fu. Auch 20 Jahre zuvor übte der Kunde intensiv Sport aus. Daher ist der Kunde als voll belastbar anzusehen. Das Ziel des Kunden ist es seine Beweglich-keit, Balance sowie Agilität zu steigern, um im Kampfsport seine Leistung zu optimieren. Ebenso besteht das Interesse daran die Sturzgefahr zu reduzieren.

Sein Blutdruck beträgt 125(systolisch) zu 84(diastolisch). Dieser Wert ist als normal an-zusehen. Der Ruhepuls liegt bei 60 Schlägen/Minute. Dies gilt als normal (Dietger, M., 2015, S.62). Zusammenfassend lässt sich sagen, dass der Kunde überdurchschnittlich leistungsfähig ist. Deshalb kann ein Training uneingeschränkt erfolgen.

2 Beweglichkeitstestung

Im Folgenden wird ein vereinfachter Muskelfunktionstest nach Janda (2000) mit dem Kunden durchgeführt, um eine Beweglichkeitsdiagnostik zu erzielen. Mit dem Muskel-funktionstest wird die Beweglichkeit sowie die Kräftigkeit der folgenden Muskeln getes-tet:

Tab. 2: Manuell zu testende Muskeln zur Beweglichkeitsdiagnostik (nach Janda 2000) eigene Darstellung

| M. pectoralis major |
| M. iliopsoas |
| M. rectus femoris |
| Mm. triceps surae |
| M. Mm. ischiocrurales |
| mm. triceps surae |

2.1 Testung des M. pectoralis major

Tab. 3: Mauelle Beweglichkeitsdiagnostik (nach Janda, 2000, S. 270) des M. pectoralis major (eigene Darstellung)

Testdurchführung
Der Kunde wird in Rückenlage auf eine Behandlungsliege gesetzt. Die Beine werden angewinkelt, um das Becken zu fixieren. Ansonsten wird das Tester-gebnis verfälscht. Füße haben Kontakt mit der Auflagefläche. Der Thorax wird vom Tester durch minimalen Zug fixiert mit der Hand fixiert. Der getes-tete Arm ist im Schultergelenk abduziert sowie außenrotiert. Am Ellenbogen-gelenk ist der Arm in einem 90°-Beugewinkel. Die Position des Oberarms zur Horizontale wird gemessen. Um den Rücken zu stabilisieren soll der Kunde den Bauch anspannen.

Tab. 4: Testauswertung (nach Janda, 2000, S. 271) des M. pectoralis major
(eigene Darstellung)

Stufe 0	Keine Beweglichkeitsdefizite: Oberarm erreicht die Horizontale und durch leichten Druck kann der Oberarm unter die Horizontale bewegt werden.
Stufe 1	Leichte Beweglichkeitsdefizite: Oberarm erreicht die Horizontale nicht. Durch leichten Druck des Testers kann der Oberarm unter die Horizontale bewegt werden.
Stufe 2	Deutliche Beweglichkeitsdefizite: Oberarm erreicht selbst durch Druck des Testers die Horizontale nicht.

Tab. 5: Testergebnis der Beweglichkeitsdiagnostik des M. pectoralis major
(eigene Darstellung)

Testergebnis
Stufe 0

Tab. 6: Interpretation des Testergebnis zur Beweglichkeitsdiagnostik des
M. pectoralis major (eigene Darstellung)

Interpretation des Testergebnis
Sehr gute Beweglichkeit des M. pectoralis major. Kein intensives Dehnprogramm des M. pectoralis major nötig.

2.2 Testung des M. iliopsoas

Tab. 7: Mauelle Beweglichkeitsdiagnostik (nach Janda, 2000, S. 258) des M.
iliopsoas (eigene Darstellung)

Testdurchführung
Der Kunde liegt in Rückenlage auf eine Behandlungsliege. Das Gesäß befindet sich an dem Rand der Liege und die Befinden sich im Überhang. Der Kunde zieht sein angewinkeltes Bein maximal zum Körper. Das andere Bein ist im Überhang. Der Tester hat die Hüftflexion des freien Beines zu beobachten. Als Messbereich wird die Position des Oberschenkels zur Relation zum Hüftbeugewinkel definiert. Zu beachten ist, dass das Becken und die Lendenwirbelsäule fixiert bleibt. Ansonsten wird das Testergebnis verfälscht, Der Tester kann die Flexion des Oberschenkels unterstützen.

Tab. 8: Testauswertung (nach Janda, 2000, S. 259) des M. iliopsoas
(eigene Darstellung)

Stufe 0	Keine Beweglichkeitsdefizite: Oberschenkel erreicht Horizontale. Durch minimalen Druck des Testers kann der Oberschenkel die Horizontale Bewegt werden.
Stufe 1	Leichte Beweglichkeitsdefizite: leichte Hüftbeugerstellung. Durch leichten Druck des Testers kann der Oberschenkel über die Horizontale bewegt werden.
Stufe 2	Deutliche Beweglichkeitsdefizite: Oberschenkel erreicht selbst durch Druck des Testers die Horizontale nicht.

Tab. 9: Testergebnis der Beweglichkeitsdiagnostik des M. iliopsoas
(eigene Darstellung)

Testergebnis
Stufe 0

Tab. 10: Interpretation des Testergebnis zur Beweglichkeitsdiagnostik des
M. iliopsoas (eigene Darstellung)

Interpretation des Testergebnis
Sehr gute Beweglichkeit des M. iliopsoas. Kein Intensives Dehnprogramm des M. iliopsoas nötig.

2.3 Testung des m. rectus femoris

Tab. 11: Mauelle Beweglichkeitsdiagnostik (nach Janda, 2000, S. 261) des
rectus femoris (eigene Darstellung)

Testdurchführung
Der Kunde liegt in Rückenlage auf eine Behandlungsliege. Das Gesäß schließt mit dem Rand der liege ab. Beine sind im Überhang. Der Kunde zieht ein angewinkeltes Bein maximal zum Körper heran. Der Tester fixiert das Gegenbein des Kunden maximal im möglichen Hüftextensionswinkel. Zu beachten ist, dass das Becken und die Lendenwirbelsäule fixiert bleibt. Ansonsten wird das Testergebnis verfälscht, Der Tester kann die Flexion des Oberschenkels unterstützen. Als Messbereich gilt der Kniebeugewinkel. Die Beugung im Kniegelenk darf nicht durch die Auflagefläche behindert werden.

Tab. 12: Testauswertung (nach Janda, 2000, S. 259) des M. rectus femoris
(eigene Darstellung)

Stufe 0	Keine Beweglichkeitsdefizite: Der Unterschenkel hängt senkrecht herab. Durch leichten Druck des Testers kann die Kniebeugung vergrößert werden.
Stufe 1	Leichte Beweglichkeitsdefizite: Unterschenkel ist leicht nach vorne gestreckt. Durch leichten Druck ist es möglich ein 90° Knieflexion zu erreichen
Stufe 2	Deutliche Beweglichkeitsdefizite: Unterschenkel ist deutlich nach vorne gestreckt. Durch Druck des Testers kann keine Flexion im Kniegelenk von 90° erreicht werden.

Tab. 13: Testergebnis der Beweglichkeitsdiagnostik des rectus femoris
(eigene Darstellung)

Testergebnis
Stufe 1

Tab. 14: Interpretation des Testergebnis zur Beweglichkeitsdiagnostik des rectus femoris (eigene Darstellung)

Interpretation des Testergebnis
Leichtes Beweglichkeitsdefizit des M. rectus femoris. Regelmäßige Dehnung empfehlenswert.

2.4 Testung des Mm. ischiocrurales

Tab. 15: Mauelle Beweglichkeitsdiagnostik (nach Janda, 2000, S. 261) des Mm. ischiocrurales (eigene Darstellung)

Testdurchführung
Der Kunde liegt in Rückenlage auf eine Behandlungsliege. Das Bein das nicht getestet wird wird gebeugt auf der Liege aufgestellt. Das zu testende Bein wird im Kniegelenkt gestreckt bei gleichzeitigen maximalen Hüftflexion. Der Messebereich ist der Winkel zwischen Beinachse und Hüftbeugewinkel. Zu beachten ist, dass das getestete Bein in der Extension bleiben muss. Wie bei allen Testdurchführungen zuvor muss die LWS unten fixiert bleiben.

Tab. 16: Testauswertung (nach Janda, 2000, S. 262) des Mm. ischiocrurales (eigene Darstellung)

Stufe 0	Keine Beweglichkeitsdefizite: Flexion im Hüftgelenk von 90° möglich
Stufe 1	Leichte Beweglichkeitsdefizite: Flexion im Hüftgelenk von 80-90° möglich.
Stufe 2	Deutliche Beweglichkeitsdefizite: Flexion im Hüftgelenk nur unter 80° möglich.

Tab. 17: Testergebnis der Beweglichkeitsdiagnostik des Mm. ischiocrurales (eigene Darstellung)

Testergebnis
Stufe 2

Tab. 18: Interpretation des Testergebnis zur Beweglichkeitsdiagnostik des Mm. ischiocrurales (eigene Darstellung)

Interpretation des Testergebnis
Deutliches Beweglichkeitsdefizit des Mm . ischiocrurales. Langfristiges und angemessenes Dehnprogramm erforderlich.

2.5 Testung des Mm. triceps surae

Tab. 19: Mauelle Beweglichkeitsdiagnostik (nach Janda, 2000, S. 255) des

Mm. Triceps surae (eigene Darstellung)

Testdurchführung
Der Kunde liegt auf Rückenlage auf der Behandlungsliege. Das zu testende Bein ist gestreckt. Die distale Hälfte des Unterschenkels ragt über die Liege hinaus. Der Tester greift das Bein mit einer Hand distal am Versenbein.Die andere Hand greift die Fußaußenkante. Es wird ein Hauptzug an der Verse ausgeübt, nach distalwärts. Mit dem Daumen der anderen Hand wird der Fuß mit einem achsengerechten Druck zum Schienbein hin gedrückt. (maximale Dorsalextension).

Tab. 20: Testauswertung (nach Janda, 2000, S. 262) des triceps surae

(eigene Darstellung)

Stufe 0	Keine Beweglichkeitsdefizite: Dorsalextension ist mindestens bis zur 0°-Stellung möglich
Stufe 1	Leichte Beweglichkeitsdefizite: 0°-Stellung kann nicht erreicht werden. Es ist eine Dorsalextension jedoch möglich.
Stufe 2	Deutliche Beweglichkeitsdefizite: Dorsalextension ist lediglich bis 10° unter halb der 0°-Stellung möglich.

Tab. 21: Testergebnis der Beweglichkeitsdiagnostik des Mm. triceps surae

(eigene Darstellung)

Testergebnis
Stufe 0

Tab. 22: Interpretation des Testergebnis zur Beweglichkeitsdiagnostik des Mm.

triceps surae (eigene Darstellung)

Interpretation des Testergebnis
Kein Beweglichkeitsdefizit. des Mm triceps surae. Keine Intervention nötig.

3 Trainingsplanung Beweglichkeitstraining

Tab.23 Trainingsplanung Beweglichkeitstraining (eigene Darstellung)

Zielmuskulatur	Ausführung	Dehnmethode
M. trapezius, pars descendens	Im Hüftbreiten Stand und aufrechter Körperhaltung wird mit der Hand der Kopf vorsichtig seitlich gebeugt. Auf der entgegengesetzte Körperseite wird durch depression (herunterführen) des Schultergürtels ein weiterer Zug auf den M. trapezius, pars descendes hervorgerufen.	aktive-passiv
M. pectoralis major.	Hüftbreit hinstellen. Arme links und rechts in der Luft halten. Ellenbogen auf Brusthöhe. Schultetblätter sowie antagnonsitisch wirkende Muskulatur langsam kontrahieren. Im Wechsel Dehnposition einnehmen und wieder verlassen.	aktiv-dynamisch
M. pectoralis major.	Oberarm wird an eine Wand angelegt. Der Oberkörper wird entgegen der Kontraktionsrichtung des M. pectoralis major gedreht und in Dehnposition gehalten. Es wird aktiv Gegenzug aufgebaut.	passiv-aktiv
Mm. ischiocrurales	Hüftbreiten Stand einnehmen. Das zu dehnendes Bein langsam maximal ausstrecken (Extension im Kniegelenk) Anderes Bein anwinkeln und Hüfte etwas Beugen (Flexion im Hüftgelenk) Oberkörper in natürlicher Form nach vorne neigen. Kopf in Verlängerung der Wirbelsäule und Dehnposition im Wechsel langsam halten und wieder verlassen.	aktiv-dynamisch
Mm. ischiocrurales	In Rückenlage wir das zu dehnende Bein mit beiden Händen am hinteren Oberschenkel gehalten. Durch maximale Beugung im Hüftgelenk sowie maximaler Streckung im Kniegelenk wird eine Dehnung hervorgerufen, dann wird der Muskel kontrahiert und nach einer definierten Zeit wieder entspannt. Die Dehnposition wird erneut maximal eingenommen. Die Vorgänge werden wiederholt.	postisometrisch-aktiv
M. iliopsoas	Es wird eine lange Ausfallschrittposition mit vollem Bodenkontakt des zu dehnenden Beines eingenommen. Das Standbein wird maximal angewinkelt. Im Hüftgelenk wird eine Flexion (Beugung) durchgeführt. Die Position wird gehalten.	passiv-statisch
M. quadriceps femoris	Im Hüftbreiten Stand wird das zu dehnende Bein in der Flexion gehalten. Das Kniegelenk wird maximal gebeugt, etwas Zug wird mit dem Griff am Schienbein aufgebaut und die Hüfte wird minimal nach vorne verlagert. Dehnung wird gehalten.	aktiv-statisch
M. gracilis M. pectineus M. adductor brevis	Im Schneidersitz und in aufrechter Körperhaltung werden die Beine im Hüftgelenk maximal adduktiert (herangeführt) und kontrahiert locker gelassen und wieder maximal abduktiert (abgespreizt) und kontrahiert.	postisometrisch-aktiv
M. gluteus medius M. gluteus minimus m. tensor fasciae latae	Im Sitzen wird durch Außenrotation im Hüftgelenk das zu dehnende Bein mit Druck aufs Knie gedreht Das zu dehnende Bein ist im Knie angewinkelt.	aktiv-passiv-statisch
Mm. erector spinae	Im Vierfüßler Stand wird die Wirbelsäule im Wechsel gebeugt und gestreckt.	aktiv-dynamisch
M. obliquus externus abdominis M. obliquus internus abdominis Mm. erector spinae	In Rückenlage werden werden die Beine angewinkelt und nach Rotation in der Wirbelsäule seitlich aufgestellt. Im Körper wird in der entgegengesetzte Richtung ein Gegenzug aufgebaut.	aktiv-passiv

3.1 Belastungsgefüge des Beweglichkeitstraining

Tab.24 Belastungsgefüge (eigene Darstellung)

Zielmuskulatur	Dehnmethode	Wiederholungen	Dehndauer in Sekunden	Serienzahl	Häufigkeit	Intensität
M. trapezius, pars descendens	aktiv-passiv		45	3	3/Woche	Dehn-schwelle
M. pectoralis major.	aktiv-dynamisch	15	(max 60)	3	3/Woche	Dehn-schwelle
M. pectoralis major.	passiv-aktiv		45	3	3/Woche	Dehn-schwelle
Mm. ischiocrurales	aktiv-dynamisch	15	(max 60)	4	täglich	Dehn-grenze
Mm. ischiocrurales	postisometrisch-aktiv	3	8s isometrisch 10 statisch	4	täglich	Dehn-grenze
M. iliopsoas	passiv-statisch		45	4	täglich	Dehn-grenze
M. quadriceps femoris	aktiv-statisch		45	4	täglich	Dehn-grenze
M. gracilis M. pectineus M. adductor brevis	postisometrisch-aktiv	3	8s isometrisch 10 statisch	4	3/Woche	Dehn-grenze
M. gluteus medius M. gluteus minimus m. tensor fasciae latae	aktiv-passiv-statisch		45	4	3/Woche	Dehn-grenze
Mm. erector spinae	aktiv-dynamisch	15	(max 60)	3	3/Woche	Dehn-schwelle
M. obliquus externus abdominis M. obliquus internus abdominis Mm. erector spinae	aktiv-passiv-statisch		30	3	3/Woche	Dehn-schwelle

3.2 Begründung des Belastungsgefüges

Ziel dieses Beweglichkeitsprogramm ist es eine Optimierung in der Beweglichkeit und Flexibilität zu erreichen, damit der Kunde in der Ausführung im Kampfsport noch flexibler sein kann. Es gilt als wissenschaftlich gesichert, dass eine regelmäßige Durchführung eines Dehnprogrammes kurz-, mittel- und langfristig zu einer Verbesserung der Beweglichkeit führt (Schönthaler & Ohlendorf, 2002, S.29). Es wird empfohlen, dass das Beweglichkeitstraining erst am Ende einer allgemeinen Trainingseinheit vollzogen wird oder als separaten Einheit. Eine Studie an junge Fußballspieler zeigt evidenzbasierte Hinweise auf, dass ein statisches Beweglichkeitstraining der hinteren Oberschenkel, das regelmäßig nach einer Trainingseinheit durchgeführt, positive Effekte für die Schnellkraft beziehungsweise Sprintleistung haben kann (Fernandez, A.R., Sanchez, j., Marroyo, J.A.R., Villa., J.G. 2015). Meine Annahme ist, dass durch eine erhöhte Beweglichkeit eine bessere und effizientere Bewegungsausführung möglich ist, da eine höhere Bewegungsamplitude realisiert werden kann, die sich mechanisch günstig auf die Leistung auswirkt. Ein Dehnprogramm mit statischer Dehnmethode vor einer sportlichen Einheit, in der Schnellkraft-, Sprungleistung abgerufen werden muss, ist nach aktuellen Wissensstand nicht empfehlenswert. (Power et al. 2004). Zahlreiche Studien in der Vergangenheit bestätigen diesen Aspekt. Hingegen konnten Begert und Hillebrecht (2003) zeigen, dass ein dynamisches Dehnen vor einer Sprungleistung keinen negativen Effekt hat. Weitere Versuchsleiter konnten dies im Verlauf bestätigen. Die Dehndauer eines Muskels sollte während dem Aufwärmen höchstens 8 Sekunden betragen.

Die jeweilige Dehndauer des Programms für den Kunden beträgt pro Satz 45 Sekunden, da eine längere Dehndauer zu keiner signifikanten Verbesserung führt (Freiwald, 2000). Die dynamische Dehnübungen betragen in der Wiederholungszahl, nach Freiwalds empfehlung, höchstens 15 Wiederholungen. Der Schwerpunkt wurde auf die hinteren und vorderen Oberschenkel gesetzt, das der Kunde dort Defizite in der Beweglichkeit aufweist. Zu den Sätzen gibt es momentan keine weiteren fundierte Aussagen. Bis zu vier Sätze sind sinnvoll. Die Dehnintensitäten sind in dem Programm schwerpunktmäßig bei „Beginn des Dehnschmerzes". Dies kann bei dem Kunden ohne Bedenken vollzogen werden, da der Kunde bereits Erfahrung im Dehnen hat. Nach frühestens 2 Monaten kann schrittweise eine höhere Intensität gewählt werden, da Sehnen und Gewebe länger Zeit für eine Anpassung benötigen. Im Folgenden sind die von Schönthaler und Ohlendorf definierten Grenzwerte aufgeführt:

Tab. 25: Grenzwerte der Dehnintensitäten (nach Schönthaler und Ohlendorf, 2000). eigene Darstellung

Dehnschwelle	Beginn des Dehnreizes
Dehngrenze	Beginn des Dehnschmerzes
Maximale Bewegungsreichweite	Gelenkwinkel bei maximalen tolerierbaren Dehnschmerz

4   Trainingsplanung Propriozeptives Training

Das Propriozeptives Training gehört zum Koordinationstraining. Es umfasst die Gleich-gewichtsfähigkeit sowie die Anpassungs- und Reaktionsfähigkeit beziehungsweise Tie-fensensibilität (Häfelinger & Schuba, 2007, S. 219). Ein Propriozeptives Training sollte Am Anfang einer Trainingseinheit erfolgen. Spätestens nach dem Aufwärmen (Chwil-kowski, 2006, S. 60 ff; Häfelinger und Schuba, 2007, S.61)

Tab. 26: Trainingsplanung Propriozeptives Training (eigene Darstellung)

Übung	Ausführung
1. Modelierung kurzer Fuß im Stand nach Janda, zweibeinig auf gerader Oberfläche	• Hüftbreiter Stand. Barfuß. Die Fußspitzen sind leicht nach Außen. Das Gewicht wird gleichmäßig auf Ferse, Großzehenballen sowie Kleinze-henballen belastet. • Kniegelenke leicht gebeugt und über den Versen • Becken ist durch Anspannung des Bauchs, des Rückens und der Be-ckenmuskulatur in Mittelstellung fixiert. • Brustwirbelsäule wird durch Anspannung der Rückenstrecker aktiv auf-gerichtet. • Der Hals ist in Verlängerung der Brustwirbelsäule. Kinn ist leicht gesenkt. • Schultern sind leicht nach hinten geschoben. • Körper ist bei aufgerichteter Brustwirbelsäule leicht nach vorne verlagert (Chiwilkowski, 2006, S. 65).
2. Einbeiniger Stand mit Verlagerung des Körperschwerpunkts auf gerader oberflä-che	• Gewicht des Standbeins ist gleichmäßig auf de Ferse, dem Großzehen-ballen und dem Kleinzehenballen verteilt. Das Spielbein ist im Knie- und Hüftgelenk leicht gebeugt. • Ausführung sonst wie bei bei Punkt 1 • Hände sind an der Hüfte • Körper wird im Wechsel leicht in jede Richtung verlagert.
3. Einbeinstand mit Verlagerung des Spielballs	• Im Einbeinigen Stand wird der Körper langsam nach Vorne geneigt, bis der Körper parallel zum Boden ist. Das Standbein bleibt etwas angewin-kelt und das Spielbein wird gestreckt.
4. Ausführung mit ge-schlossenen Augen	• Übung 1-3 werden nun mit geschlossen Augen ausgeführt
5. Einbeiger Stand mit Ballrollen um den Rumpf	• Im Einbeinstand wird ein Ball einmal um den Körper gerollt, beginnend vorne am Bauch.
6. Übung mit Partner	• Im Einbeinstand legt der Partner ein Therraband um den Körper des trainierenden und gib kleine Impulse
7. Übung auf labiler Unterlage	• Übung 1-6 werden nun auf einem Airex-Kissen oder einer Gymnastik-matte wiederholt
8. Übung 1-6 auf Therapiekreisel	• Die Übungen wie zuvor werden nun auf einem Therapiekreisel ausge-führt.
9. Übung 2 mit ge-schlossenen Augen und Therapiekreisel	• Die Übung 2 wird auf dem Therapiekreisel mit gechlossenen Augen durchgeführt.
10. Übung 1-6 mit schnellen Impulsen	• Übungen werden mit schnellen Impulsen ausgeführt
11. Ausfallschritt auf unstabiler Unteralge	• Ausfallschritte werden auf einer zusamengerollten Gymnastikmatte oder auf einem Airex-Kissen ausgeführt.

12. Kleine Sprünge auf unstabiler Unterlage	• Es werden Ausfallschritte auf dem Therapiekreisel durchgeführt
13. Kleine Sprünge auf unstabiler unterlage	• Es werden kleine Sprünge auf dem Therapiekreisel durchgeführt

4.1 Belastungsgefüge des Propriozeptives Training

Im Folgenden sind die Belastungsparameter eines propriozeptiven Trainings dargestellt, an dessen sich die Trainingsplanung orientiert:

Tab. 27: Belastungsparameter propriozeptives Training (modifiziert nach Chwilkowski, 2006, S. 61; Häfelinger und Schuba, 2007, S.61) eigene Darstellung

Aufwärmen	5-10 Minuten
Gesamttrainingsdauer	10-45 Minuten
Haltedauer bei statischen Übungen	5-60 Sekunden
Wiederholungszahl bei dynamischen Bewegungsabläufen	5-30 Wiederholungen
Sätze	Bis zu 5 Sätze
Pausendauer	> 45 Sekunden

Der Kunde hat durch seine lange Kampfsport Erfahrung bereits ein gutes Körper Gefühl. Daher kann die Geschwindigkeit bei der Schwierigkeitserhöhung schneller erfolgen. Aufgrund dessen ist zu Beginn des Mesozyklus eine Übung 30 Sekunden lang. Der Kunde hat gelegentlich Schmerzen am Knie. Wie bereits erwähnt ist die Herkunft unklar. Wenn die Schmerzen nicht durch das Dehnprogramm bereits schon beseitigt wurden, besteht die Möglichkeit, dass die Schmerzen durch eine Verbesserung der Tiefensensibilität und der Körperhaltung erfolgen könnte: Denn ein propriozeptives Training ist bekanntermaßen auch für ein rehabilitatives Training geeignet und kommt zur Anwendung nach Verletzungen. Durch eine Verbessertes Zusammenspiel der Muskeln durch das Training profitieren ebenso die passiven Strukturen, wie Knochen, Bänder, Menisken sowie Gelenkknorpel.

Tab. 28: Belastungsparameter propriozeptives Training (eigene Darstellung)

Übung	Halte-dauer	Sätze	Pausen-dauer	Trainings-häufig-keit/Wo-che
1. Modelierung kurzer Fuß im Stand nach Janda, zweibeinig auf gerader Oberfläche	30 Sekun-den	2	15 Sekun-den	2-3x für den gesammten Plan
2. Einbeiniger Stand mit Verlagerung des Körperschwerpunkts auf gerader Oberfläche	30 Sekun-den	2	15 Sekun-den	
3. Einbeinstand mit Verlagerung des Spiel-balls	30 Sekun-den	2	15 Sekun-den	
4. Ausführung mit geschlossenen Augen	30 Sekun-den	2	15 Sekun-den	
5. Einbeiger Stand mit Ballrollen um den Rumpf	30 Sekun-den	2	15 Sekun-den	
6. Übung mit Partner	30 Sekun-den	1	15 Sekun-den	
7. Übung auf labiler Unterlage	30 Sekun-den	1	15 Sekun-den	
8. Übung 1-6 auf Therapiekreisel	30 Sekun-den	1	15 Sekun-den	
9. Übung 2 mit geschlossenen Augen und Therapiekreisel	30 Sekun-den	1	15 Sekun-den	
10. Übung 1-6 mit schnellen Impulsen	30 Sekun-den	1	15 Sekun-den	
11. Ausfallschritt auf unstabiler Unteralge	15	1	15 Sekun-den	
12. Kleine Sprünge auf unstabiler unterlage	6	1	15 Sekun-den	
13. Kleine Sprünge auf Therapiekreisel	6	1	15 Sekun-den	

5   Literaturrecherche

Tab. 29: Darstellung der Literaturrecherche zu der Frage, ob Dehnen zur Leistungsteigerung im Sport ge-eignet ist

Name der Studie:	No Effect of Muscle Stretching within a Full, Dynamic Warm-up on Athletic Performance	Effects of seven weeks of static hamstring stretching on flexibility and sprint performance in young soccer players according to their playing position
Durchgeführt von:	Blazevic, A.J., Gill, N.D., Kvorning, T., Kay, A.D., Goh, A.G., Hilton, B., Drinkwater, E. J., Behm, D. G.	Fernandez, A.R., Sanchez, j., Mar-royo, J.A.R., Villa., J.G.
Jahr der Publikation:	2018	2015

Fragestellung:	Führt die regelmäßige Durchführung von statischer sowie dynamischer Dehnübungen im Rahmen eines Aufwärmprogramms zu einer Steigerung der Flexibilität, Sprint- und Sprungleistung sowie der Leistung der Richtungsänderung im Mannschaftssport?	Welche Effekte hat ein sieben wöchiges Dehnprogramm der hinteren Oberschenkel-Muskulatur auf die Flexibilität und Sprintleistung bei jungen Fußballspieler?
Versuchspersonen	20 männliche Sportler des Mannschaftsports	103 gesunde Fußballspieler
Versuchsaufbau	20 männliche Sportler führten an verschiedenen Tagen ein intensives Aufwärmprogramm mit Dehnübungen durch. Statisches und dynamisches Dehnen mit festgelegten Dehnzeiten. Im Anschluss wurde eine spezifische Testdurchführung absolviert. Zuerst wird mit geringer Intensität gedehnt. Darauf mit hoher Intensiät. Im Anschluss erfolgt die Testdurchführung.	Die Versuchsteilnehmer wurde in 2 Gruppen aufgeteilt, abhängig von Alter und Gewicht. Die Dauer des Versuchs betrug 7 Wochen. Alle führten ein statisches Dehnprogramm für die Oberschenkel mit jeweils 4 Übungen aus. An 6 Tagen die Woche führten die Probanden das Dehnprogramm nach dem Training aus. Die Dehnübungen wurde 2x mit einem Umfang von 30 Sekunden durchgeführt.15 Sekunden Satzpause jeweils. Vor und nach dem Versuch wurde ein Sit-And-Reach-Test durchgeführt. Zudem wurde die Sprintleistung getestet.
Ergebnisse	Es wurden keine signifikanten positiven Effekte beziehungsweise keine Leistungssteigerung der Paramter Sprung- sowie Sprintleistung sowie Agilität durch ein intensives Dehnprogramm festgestellt	Die Versuchsgruppe hat ihre Flexibilität signifikant verbessern können. Alle Spieler haben ihre Sprintleistung signifikant um $p = < 0,05$ verbessert. In der Kontrollgruppe verbesserten lediglich nur die Verteidiger ihre Sprintleistung Anwendung von statischem Dehnen am Ende der Trainingseinheiten, kann die Verbesserung der Flexibilität beeinflussen, da ein negativer Einfluss der Belastung auf die Kniesehne entgegen wirken kann.

6 Literaturverzeichnis

Begert, B. & Hillebrecht, M. (2003). Einfluss unterschiedlicher Dehntechniken auf die reaktive Leistungsfähigkeit. *Spectrum der Sportwissenschaften,* 15 (1), 6–25.

Blazevic, A.J., Gill, N.D., Kvorning, T., Kay, A.D., Goh, A.G., Hilton, B., et al. *No Effect of Muscle Stretching within a Full, Dynamic Warm-up on Athletic Performance.* Verfügbar unter: https://pubmed.ncbi.nlm.nih.gov/29300214/

Chwilkowski, C. (2006). *Medizinisches Koordinationstraining – Verbesserung der Haltungs- und Bewegungskoordination durch Propriozeption* (2. Aufl.). Köln: Deutscher Trainer Verlag.

Deutsche-Adipositas-Gesellschaft. *Was ist der Body-Mass-Index?* Zugriff am 11.03.2021. Verfügbar unter: https://adipositas-gesellschaft.de/bmi/

Dietger, M. (2015). *Fit von 1 bis Hundert. Ernährung und Bewegung. Aktuelles medizinisches Wissen zur Gesundheit* (3. Aufl.). Berlin Heidelberg: Springer-Verlag.

Fernandez, A.R., Sanchez, j., Marroyo, J.A.R., Villa., J.G. *Effects of seven weeks of static hamstring stretching on flexibility and sprint performance in young soccer players according to their playing position.* Verfügbar unter: https://pubmed.ncbi.nlm.nih.gov/25766052/

Freiwald, J. (2000). Dehnen im Sport und in der Threapie. *Die Säule,* 4 (1), 28–33.

Häfelinger, U. & Schuba, V. (2007). *Koordinationstherapie - propriozeptives Training* (Wo Sport Spaß macht, 3., überarb. Aufl). Aachen: Meyer & Meyer.

Janda, V. (2000). *Manuelle Muskelfunktionsdiagnostik* (4. Aufl.). München: Urban & Fischer.

Power, K., Behm, D., Cahill, F., Carroll, M. & Young, W. (2004). An acute bout of static stretching: effects on force and jumping perfor-mance. *Medicine and science in sports and exercise,* 36 (8), 1389–1396.

Schönthaler, S. R. & Ohlendorf, K. (2002). *Biomechanische und neurophysiologische Veränderungen nach ein- und mehrfach seriellem passiv-statischem Beweglichkeitstraining* (Wissenschaftliche Berichte und Materialien / Bundesinstitut für Sportwissenschaft, 1. Aufl.). Köln: Sport und Buch Strauß.

7 Tabellenverzeichnis